JN418852

날것

정건우 시집

문학의전당

自序

때로는
세상 사는 이치가 그렇듯이
갈매나무가 흙 속에 뿌리내리고 사는 사실처럼
하늘에도 바닥 있다고 생각하는 것이다

하늘 바닥에서 바지 걷어 올리고
자박자박 걷고 싶은 것이다
무릎 아래를 희부윰한 구름으로
가리고 싶은 것이다

물꽃이 너른 하던 폭포도
때로는 거스르고 싶은 것이다
아슥하게 날아가 살사리 꽃잎을 꿈꾸다가도
생각이 진저리치듯 곤두서서
오롯했던 제 한 몸이 그리워지나니
흩날리는 몸뚱이들 도로 거두어
온 곳으로 되돌아가고 싶은 것이다

나루 같은 하늘선 저쪽 너머로
자꾸만 애마르게 가고 싶은 것이다
그러다가
거슬러온 폭포가 발목 적시는 소리도
듣고 싶은 것이다.

차례

1부

2부

3부

4부

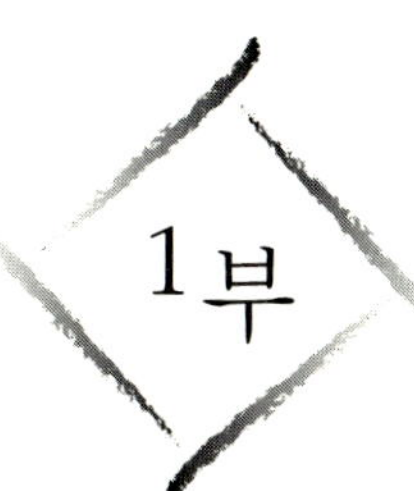

1부

문상問喪

친구 마누라가 죽었는데요
술 마신 참에 약 먹었다고 웅성대더라고요

개호로새끼 비스름한 상주는요
죽은 이름을 뚝 뚝 꺾어 외다가 자빠지더라니까요

오십도 안 된 여자가 백목련 꽃처럼 웃다니요
온통 국화로 싸 바른 빈소 한복판에
터널 같은 영정 속에서 꽃이 지는데요

왜 있잖아요
백미러에 비치는 차선같이
점과 점이 끝도 없이 당겨 오다가 순식간에 달아나는 추월선
같이
툭 툭 툭 툭 내뱉듯 꽃이 지는데요

살 일이 엊그제 같기에 그냥 왔지요
쌈 말리는 내게
이젠 안 와도 된댔지만요
오졸 없는 인물 어디 안 보고 살 수 있나요
자빠지거나 말거나 절도 안 하고 왔지요.

가도상회

어떻게 되먹은 빌어먹을 사과가
난리통에 다리 밑에서 낳은 계집애처럼
간장 종지만 한 모타리에
칠칠찮게 병이 많은지

성깔은 더러워서
큰 비 몇 방울에도 낙상을 하는지
디립다 대가리를 처박고
짓물러지는지

강원도 양구군 중앙시장 안쪽에
칙칙한 가도상회
불 꺼진 골목처럼 처량하게 쌓아놓은
사과궤짝 아래에
또 궤짝을 깔고 앉은 소녀

왕겨 속에 사과를 목장갑으로 문대며
경상도 말투로 구시렁대던 저 아이가
열여섯 살 내 동기라 했다

홍옥마냥 시뻘건 립스틱을 바르고
동창회에 나온 소녀
삼십 년 묵은 사과향기를 기침으로 토하며
꼭지를 따듯 말한다

많이 아팠다
남편은 진작에 먼 곳으로 갔다
다니러 오던 길에 소식 듣고 왔다
시큼하고 아삭아삭한 인생은
물을 건어도 없더라.

청사포靑沙浦에서

푸른 것이 눈에 담기면
이토록 서러워지는 마음이라니

모래와 물빛이
아득히 맑은 게 서글퍼서

시퍼런 몸
제비처럼 내리꽂으며
바닷속으로 사라졌다던
뱀이 살던 포구

비늘처럼 살아서
물결은 파랗게 오고

바닷물을 떠서 보는 마음 뒤엔
손바닥에
생각의 껍데기가 허옇게 남는데

달맞이 고개를 돌아
허리를 휘감듯이 달려오는

기차 같은 그리움.

두호시장에서

가게 문 밀고 나오다가
쳐다본 하늘 저만큼 높고 뾰족한 교회 탑 끝에
누군가가 걸어 놓은 열쇠처럼
노을에 잠겨 있는 십자가

눈앞에는
기댄 전봇대에 고단한 등뼈를 펴는 할머니
원을 그린 듯 모서리가 맵시 있게 전을 펼치고
미동도 없이 표정도 없이
밥식혜, 감말랭이 등속을 내려다보고 있다

가지가지 발길들이 이 좁은 골목을 흔든다
컴컴한 가게 안에 백열전구가
싸우듯 흥정하는 사람들을 몰아내고
다시 불러들이고
창틀 시커멓게 태우는 음식 냄새들
오가는 걸음들에 이리저리 치인다

소음에 질리며 사는 사람들이 지금 여기서
몸에 밴 소리를 털어내려 서로 부딪치고

서로 흔든다
온갖 비명과 악취들이 바닥에서 스멀거린다

할머니가 그어 놓은
숙성된 아치라인의 안쪽은 늘 고요하다
찌든 소리와 냄새가 함부로 침범하지 못하는
저 단단한 적막
저 견고한 경계

저무는 시장통 난전에
오가는 사람들 분주한 종아리 사이로 내리는
예수같이 십자가같이.

기북우체국

길 건너는 할마시 구부렁한 등허리가
강마른 폭포 같다
속절없이 벙글었던 방울꽃 같은 세월
한 모숨 이른 봄볕이 저 잔등에서 애쓴다

한 집 건너 한 집으로 허물어진 점방들
대낮인데도
새벽처럼 불어오는 괴괴한 바람
흔적 같은 창틀에 먼지만 어정대는
기북면 한복판에 텅 빈 시골길

어느 숲 속 풀에서 나온 달팽이가
우주처럼 꼬인 생애를 등에 지고 어르며
자근자근 길을 건너듯
바닥만 보며 가도 닿을 수 있는 곳

허리 굵던 며느리는 떠난 지 오래
손자 월사금 내러 가시는지
기다리던 한 소식 들으러 가시는지
고지서에 한 말씀 하시려는지

아스팔트 돌아가는 모퉁이에서
사십 보를 더 걸으면 문이 열리는
기북우체국.

비탈에서

아파트 뒤편 자드락밭에서
풀을 뽑는데
자꾸만 한쪽 발이 허물어지며
몸 전체가 아래로 처박히려 한다

관성의 법칙도 미끄러지는
이 비탈에서
질리도록 푸르고 꼿꼿한 잡초

시간은 비스듬하게 내리치는 칼처럼
바람 소리를 내면서
이 푸른 표면에
숱한 상처를 남기며 지나가지만

땅 밑에 아득히 깊은
마음 아래에
닿고 싶은 하늘은 있어
가장 가까운 수직의 거리로
뿌리내리느니

지상의 몸이 흔들리면 흔들릴수록
더욱더 단단하게 박히는
저 깊은 생의 중심.

포항선착장

대합실에 들어서면 껌 냄새가 난다
기다리는 사람과
지금 막 문을 밀고 들어오는 사람의
숨결 같은 향기

서 있는 이 앉은 이 할 것 없이 껌을 씹는데
폐 속이 자그럽다
마치 파도가 오는 것 같다

울렁거리는 가슴을 쉼 없이
씹어 다지는 사람들 옆에 서 있으면
내 고향 강원도 양구 산 속
군인극장에 온 것 같다

오늘도 아침 열 시에 배는 울릉도로 가고
구경 온 나만 혼자 남아
썰물처럼 빠져나가는 향기를 쫓는다

할 말이 많다는 듯 고동이 울린다
시퍼런 바다를 이고 집으로 오는데

멀어졌던 메아리처럼
돌아온 향기가 귀밑에 있다.

이름

아침 일찍 아버지가 다녀가셨다
포항의료원 노인병동 663호실 창가에 누워 있는
온몸이 마비된 메마른 아내
질경이씨처럼 박힌 눈동자를 보고 가셨다
침대 귀퉁이에 홀씨로 매달린 이름 세 번 부르고
커튼 젖혀놓고 가셨다
어둑해진 창가에서
나는 그가 왔던 길을 되돌아 가본다
오늘도 그는 횡단보도 일곱 개를 건넜다
그 아슴아슴한 바닥을 어서어서 건너라 깜박이는
신호등을 그는 홀씨라 생각했다
가장 가까이서 그를 지켜주었던
아내 목소리라 생각했다
바닥에 납작하게 엎디어 있는 질경이 같은 아내
여수 바닷가 자갈밭에 피던 그 이파리를 생각했다
줄기 없이 뿌리에서 모여 퍼지던 잎자루들
눈물을 가무리며 키웠던 피톨들
곱송그려 넓힌 밑부분을 감싸며 씨를 틔우던
뿌리처럼 야윈 아내 손등을 생각했다
아내가 모르는 사람에게 머리를 맞고 쓰러지던 날

그와 관계한 세상 모든 이름이 까무러치며
온통 바닥으로 쏟아져 내렸다
치매로 멀어진 세상은 바닥처럼 무섭고 낯설었다
그 가시엉겅퀴처럼 사나운 바닥에서 날아온 홀씨 하나가
잊었던 이름으로 눈에 띄었다
아내는 이제 제 이름을 틔우려 한다
간다는 것이 너는 잊고 나는 잊지 않는 일이란 듯이
어디로 가서 다시 불릴 이름이 되라는 듯이
커튼을 젖혀 햇살을 들여놓고 가신 것이다.

평화여인숙

너도 그랬었는지
낯선 역 텅 빈 광장에 서서
막차를 보내고
기다리던 사람도 보내고 비를 맞는
저 귀대 직전의 휴가병처럼
보낼 것 다 보내고 난 뒤에 찾아온 신열 같은 것이
오랜 안부를 묻게 했는지
사람아, 내가 죽고 난 후에도
늦은 안부를 묻고
저기 세류역 건너 축축한 평화여인숙
하잔한 문 앞에
전구처럼 발개질 오랜 사람아
뒷문도 없어 서글픈 여인숙 골목을
둘이 걸으며 숨고 싶어라
세상 처음 약속을 어기듯 너에게
옆구리에 상처를 보여주고 싶어라
머슴애를 밤새 다그치는 옆방 가시내
발칙한 조건을
너와 같이 듣고 싶어라.

영월 일박

광천리 매미는 죄다
아칠한 우듬지에서 속을 뒤집는다
게우고 싶을 만큼 물큰거리는 녹음은
서러운 빛깔로 짓물러지고
홧홧한 계절의 끝으로 가버릴 죽음도
무섭지 않고 그저
망실한 오백오십 년의 기억이 애달아
고주파로 자지러진다
눈과 가슴이란 게 이리도 새털 같아
청령포 이름처럼 서늘한 천하의 비경 앞에서
아슴아슴하게 멀어진다
한 가슴으로 굽이쳐오는 동강의 울음을 껴안고
막내 나이만큼 탑탑했을
왕의 근심을 짊어진 채 나는
휘적휘적 부모처럼 돌아 나오느니
길을 버리고
축축 늘어진 전깃줄도 버리고
호적등본도 버리고 누워버린
영월 일박.

돌아보기

누군가가 나를
부른 것 같은 느낌 있어 돌아보니
벽처럼 서 있는 너
내가 돌아볼 줄은 꿈에도 몰랐다는 듯이

네가 바라보며 걸어온 거리만큼 떨어져
나는 여태껏 왔다
숨결 느낄 수 있는 그 거리에서
네 숨소리를 듣지 못한 것은
나도 너와 같은 숨을 쉬고 있었기 때문이냐

내가 소리없이 울면 너도 그랬고
손뼉 치며 좋아 웃으면
너는 입을 가린 채 숨죽여 웃었느냐

그렇다면 너는 왜 구태여
나를 따라왔느냐
돌아보기 전에 날 부를 순 없었느냐
부르려고 손을 드니 내가 돌아보더라는
그런 말도 못하느냐

또다시 돌아보면
온 곳으로 내달아 숨는구나 너는
손을 들어
그러지 말라고 말하려 하면
너는 모퉁이에서 고개만 반쯤 기울여
먼 나를 바라다본다

울음이 일듯 넘치는 고독
그러하였느냐
너는 바로 얼마 전까지 그렇게 걸어왔던
나였느냐.

황제이발소

면도하다 뛰쳐나간 최씨 손에 칼이 들렸나
들렸든 버렸든 알 바 아니고
아갈 대는 저놈이 장남이라지
막내와 동창이라지
이 양반 팔자도 시퍼렇게 날이 서겠구나

댓 평 안 되는 공간을 오종종하게 갈라서
옆구리에 마누라 미장원을 차려준 지 십 년여
도배지 문드러진 베니다판 천장 밑에
양다리 걸친 벽걸이 에어컨에선
언제 한번 바람이 나왔나

아름찬 선풍기가 털털대며 지날 때마다
화이트민트 츄잉껌 향기가
이발소 어느 구석에서 속을 썩이는
곰팡내와 함께 물큰거린다
눈 감으면 영락없는 고향 친구 집

애를 잡는 최씨가 아버지 같다
동갑이래도 내사 못 할 말 이이는 하고

그새 말라 들어 꾸둑꾸둑 갈라지는
턱주가리에 다이알 비누를 또 처바르고
잠든 나를 내려다보며 질겅질겅 웃는 최씨가
아버지 같다.

미애야

오랜만에 김형이 또
느지막하게 취했나 보다
말없이 사는 일에 이골난 그가
취하면 똑 고향 옛집 토담으로 보인다던
아파트 담벼락을 부여안으려 버둥대며
아내를 부르는 모양이다

미애야
미애야 아

부를수록 허물어지는 그 소리가
어슴푸레한 단잠을 비집고
운명하는 사람의 유언처럼 들리는데

반쯤 열린 귀밑으로
억장이 무너져 쌓인다

지척에 마누라는
잠꼬대로 널브러졌을
달 없는 한밤

손가락이 몽땅 뭉개지도록
부둥켜안고 싶은 가슴이
내게도 있었던가

목젖이 죄다 문드러지도록
저리 부르다
쓰러질 이름이 하나라도 있었던가.

감포대로甘浦大路

피곤한 몸을 이끌고
대왕이 오시나 보다
감은사 금당 지하에 물소리 들리고
개구리들 입을 다문다

한밤을 꿰뚫고 달려오는
바람 속으로
봉길리 앞바다에 만파식적
피리 소리 실려 오는데

길 위에 석탑
찰주에 찔린 시커먼 하늘 틈새로
흉터처럼 쏟아져 내리는 별빛

질펀한 감포대로
이 길을 곧장 걸어가면
발목을 담글 바다가 있어
신발을 벗는다.

가을 벌판에서

벌판에 서면
익어가는 것들의
등을 타고 가는 바람

바람 때문에 곱송그리던
숱한 나날들

주체할 수 없도록 흔들리던
가슴이 익어
껍질처럼 겸허한 무게
얇아져 가는 햇살에 매달렸느니

아아, 비켜가는 바람이여
철마다 이렇게
내 가슴 언저리를 두드리는
손길이여.

2부

여름

달아오른 양철 같은
구룡포 상정리 해안도로를 한 처녀가 걷는다
길 위에 처녀
호미곶 등대로 가는 것일까
좌표를 찍듯이 성큼성큼 걷는
저 컴퍼스처럼 미끈한 다리, 눈부셔라
스타카토 보행법에 환장하며
두 다리를 휘감고 애걸하는 우윳빛 바람과
파라솔 밑에서 싱싱해지는 남자들
여천군 화정면 낭도리
해안도로에서 오십 년 전에
어머니도 저러했을까
파도소리가 증발해버린 지 오랜
그 바닷가
등대 아래 응달 같은 노인병동 병상에서
어머니의 여름이 진다.

돌아오면서

아무래도 아버지에게 치매가 오는 것 같다
번 놓는지, 방금 이야기를 자꾸 잊으신다
아범이 놓고 간 게 붕어 곤 것 아니냐며
모르겠다는 소리로 또 전화를 하신다
뜻 없이 화가 나서 한약도 넣었다고
나는 고함을 친다 억장이 무너지는데 아버지는
중얼중얼 웃는다
돌아오는 길이 그새 아득해진다
붕어는 할아버지가 좋아하셨다 그 양반 이빨이
나귀 징 같았다
얼굴도 모르는 할아버지 기억은 포도알 같으시다
이렇게 분명한 양반이 지금 왜 그러시나
작정하고 걸어왔던 그 먼 곳에서 아버지가
발길을 되돌리나 보다
뒤돌아볼 일이 다시 없기로
전봇대에 붙은 광고지를 떼듯
가장 가까운 기억부터 지우려나 보다
오래오래 사시겠네 우리 아버지
걸음마다 지울 일이 껌 같을 것이니
영악하시네 우리 아버지

지우고 가다 보면 아이가 될 테니
아이 된다는 것이 어디 보통 일인가
나이 먹는 것만큼 쉬운 일 어디 또 있나.

누군가 가는구나

드러눕자마자 베란다 창으로
부윰하게 번져오는 달빛
고단한 등뼈를 펴는
아파트 삼 층 아래 소방도로를
누군가 가는구나

접힌 하루를 들고 휘적휘적 돌아오는 동안
중천에 저 달도
파리하게 빛나는 생각으로 따라왔겠거니

그 아래 길을 걷는 사람이여
충분히 늦은 나보다 더 늦은 걸음
다시 돌아갈 것 같은 생각이 들게시리
멈칫거리며
흐느적거리는 발소리의 저이는 몇 층에 사나

척살하고 싶은 하루를 잡아끄는지
다시 매만지고픈 연민에 몸서리치며
온전히 거두고 싶은 미련을
한 아름 안고 가는지

그러기에 저리도 힘이 드는 거지

그가 팍팍한 걸음을 내딛는 동안
내 등허리가 바닥에 갈린다
발걸음 소리 철퍼덕거릴 때마다
흥건한 등허리에 핏물이 잡히나 보다.

그게 그렇다

돈 들어온 흔적만
아파트 현관 우유 투입구 밑에
요구르트처럼 있을 뿐
돈 나간 자리는
씻을 눈도 없이 감감하다는 계좌

새마을금고 이사장이 죽을 만큼 궁금해서
수소문 끝에 들어가 보니
칠 년이 넘게 혼자서
빌어먹고 살았겠다던 여자

눈 밑에 그늘을 매달고
석간夕刊 같은 향기를 풍기며
눈 화장세트를 팔러 왔다던 그 친구가
반 년 안에 죽게 됐다며
아내는 무릎 끌어안고 억울해 운다

그게 그렇다
남편을 먼저 보낸 박복한 여자가
죽을병 드는 것도 흔한 거

제기랄 그게 또 그렇다
눈에 밟히는 새끼들을 위해서 남겨둘
제일 자신 있는 세상 마지막 궁리란 것이
빈 탄창에 금빛 탄알을 끼우듯
돈을 재우는 거

소리가 나면
포물선처럼 아득한 궤적으로 날아가서
생의 한복판을 관통하리라 믿고 싶은
총알 같은 거
그게 참 그렇다.

이태원에 갔었다

하얏트호텔 있는 아름찬 길을
칼질하러 갔었다 아내 손잡고
친구가 기타 치는 레스토랑 찾아 포항에서 부러 갔었다

담장이 지붕보다들 높은 어마한 집 대문에서
가정집이다 아니다
싸우다가 들어간 길가에 레스토랑

고소영이 앉았다던 의자에서 아내는
별안간 엉덩이가 근지러웠다
비늘 돋나 긁다가 날개라며 날아올랐다

카바티나 선율 타고 아내는 사슴사냥을 떠났다
마법의 성 소나무에 별 붙이고 놀다가
베네치아행 유람선같이 기다란 계산서를
기침하는 공주처럼 건네는 아내

아 시팔, 반만 익은 고깃값이 너무 비쌌다
접시 안에서 달그락대던 삼박한 회계가
삼단처럼 너저분한 건

꿈 같던 아내 눈빛이 휘갈긴 싸인 때문이었나

칼질하러 갔었다 이태원에
아내 손잡고 갔다가 소견서 들고
혼자 왔었다.

생리대

화장실 휴지통 한쪽에
버려진 생리대
비명에 절어 있는 선혈이
오금 저리게 낭자하다

무슨 생각으로 아내는
저를 받치고 있던 생生의 바닥을
이토록 처참하게 구겨 박았을까

온몸 구석구석을 피 돌던
농밀한 삶의 시발始發을
두근거리지도 않게 용도폐기했을까

시뻘건 저 핏속에서 내가 나왔다
시뻘건 저 피를 그리워하면서
내가 죽을 것이다

한 방울 이슬로 맺히길 기다리며
선홍빛으로 휘돌아
자궁을 데웠던 저 피

서늘하게 달뜨는 가슴을 들어내
너를 덮는다.

담

난들
왜 치솟고 싶지 않겠나
왜 나라고
새처럼 날아 창공에 박히고 싶지 않겠나

처음 이곳에 나를 세운 것은
이 높이만큼만 쌓고 싶었던
그대의 꿈이었지

그러나 이제 나는 알지
내가 높이 솟으면 솟을수록
그대 가슴이 무너진다는 것을

나를 꼼꼼하게 치장할수록
그대 삶은 바람도 드나들 수 없게
숨 막혀 간다는 것을

내 바깥이 화려하게 색칠해질 때
그대 안쪽은
어둡게 고립되느니

나는 인제 그만
무너져 내리고 싶다
문지방처럼 낮아지고 싶다

구태여 나와 그대 경계를
그어야 한다면
그저 바닥의 흔적이 되고 싶다.

눈물의 염도

텔레비전 연속극에서 슬픈 장면이 나오는지
아내가 운다
또 운다, 참 잘도 운다 서럽게 우는소리에
건넛방에 있던 내가 서러워져서
나도 운다

언제부턴가 저런 소리를 들으면
폐 속이 가려워진다 아마도
절어 있던 소금기에
거품이 이는 모양이다

희한도 하지
보지도 않았는데 서러워진다는 게
모르겠다, 아는 건
아내는 누구에게 말 걸 듯 울고
그렇게 들리는 것 하나하나가
서글프다는 것

그런데 누구 눈물이 더 짠가
한 번 더 걸러진 것이라서

내 볼을 타고 흐르는 물에는
소금기가 없겠다.

거룩한 방뇨

긴 병상을 걸어 눈앞이
새털처럼 화사한 날
자드락 채소밭에
할머니 오줌 누시네
비탈에서 사느라
몸 세우기 힘든 시퍼런 것들에게
물 주시네
오래 살라고
한껏 품어 주라고
삼남 오녀
그 시커먼 목숨을 뽑아낸
고단했던 음부
땅에 대시네
다독이시네.

女人

저런 눈빛이라야
백치가 되리
오롯하게 담긴 창밖

말을 건네면
쏟아질 것만 같은 女人

방파제 끝에는 젊은 연인이
깍깍 소리치며 놀고 있다
발끝에 치이는 바다

불에 그슬린 탁자엔
하잔하게 향이 바랜 말리화 찻잔이
그림자처럼 놓였다
영 오지 않는 누굴 닮았나.

이대역 2번 출구

계단 꼭대기에는 비 오고
찰박대며 내려오는 사람들 젖은 발바닥이
내가 서 있는 평탄한 바닥에서
뽀송뽀송한 소리로 마른다
가출한 아들 휴대폰에서 보내온
위치 찾기 프로그램 신호가 멈춘 이곳

몇 시간 전 포항에서
중환자실에서 혼을 놓은 어머니 메마른 가슴을 그어가던
모니터 속 초록 입자들이
잠수함에서 발사한 음파처럼
무겁고 깊은 어둠을 더듬어 길을 찾듯이
문을 열고 나가는 내 뒤통수에서 반사되던 소리

내가 그동안
뱉어낸 무수한 말의 억양 속에서
스스로 흥분하면서
자잘한 목청의 높낮이를 비상과 추락이라고 까불어대며
핏대를 세울 동안 정작 너는
말 한마디 하지 않았구나

어디로 가려느냐
저 아래에서 올라오는 경쾌한 파열음의 발소리도
이곳을 지나면 철벅 철벅 젖을 것이니
이 평평한 바닥에
도화지를 덮어 오가는 걸음들을
마블링처럼 건지고 싶은
이대역 2번 출구.

양자 고모

나를 만나면
팔자소관처럼 우는 게 일이던
우리 양자 고모

어미 없이 큰 것들은
사람이든 짐승이든 귀신같이 알았고
그것들 머리 끌어다 가슴에 대고
내남없이 억울해하다가
죽을 만큼 힘줘서 코 풀던 난쟁이 똥자루

강원도 양구군 죽곡리 하늘과 계곡이 붙은
그 아득한 곳
평생을 다니던 길이라야 오롯한 비탈
왕복으로 구백 보 걸어 오십 년 거리

자드락밭으로 가는 등은 무덤을 닮아가고
걸을 때마다
한쪽 무릎으로 기울어지는 생애

오 년 만에 차려주는 밥상머리에서

서럽게 늙은 고모가 우는데
머리칼 없는 조카래도 할 말은 해야겠기
육시를 할 놈아
오면 온다고 아가리질해야 이면수라도 굽지

나는 구라쟁이처럼 가벼워져서
목구멍을 삭힐 듯이 식초처럼 버무린
월동초 무생채를 날이 새도록 씹는다.

빚

곗돈을 탄 아내가 방바닥에
화투패를 돌리듯
왼편에서 오른편으로 돈을 던져 놓는다

빚이란다
갚지 않고는 못 배길 단단한 짐이란다
이토록 시퍼렇게 쌓인 것이
층층이 다른 높이로 속을 채울 때까지
나는 몰랐구나

아내는 왼손으로
두툼하게 각이 진 근심을 거머쥐고
화투놀이를 하듯
이승의 바닥에 하나하나
잘도 풀어놓고 즐거워하는구나

산다는 것이
누군가에게 또다시 빚을 지는 일이라
모처럼 맑은 아내 등 뒤에서
미안해진다.

현관에서

문을 열었는데
마누라가 바뀌었다

남편이려니 해서 경계를 풀었을
위층 아줌마는 서로
농하며 어깨도 치던 사이인데

세상 처음이자 마지막인 듯
숨을 끊는 표정
웃지도 못하는 얼굴이 슬프다

변변한 인사도 건네지 못하고
멈춰 서 버린 머쓱한 퇴근길
십수 년을 오르내리던 각角진 해발에 지질려
층계를 일탈했을 팍팍한 걸음이
열없어 돌아서려는데

실없이 닫히는 문틈으로 쏟아지는
낯선 향기
나는 까닭도 없이 억울해지는 것이다.

아버지, 날 쳐다보시는데

건너편 의자에
마른 엉덩이를 걸치고 앉으려는지
서려는지 모르겠다는 표정
아리셉트에 취한 저 눈빛

막장 같은 동공을 뚫고
아버지처럼 생긴 노인이 걸어 나오고
그 뒤로
나를 닮은 또 다른 노인이 보인다

나와 아버지를 번갈아
빼닮은 노인들이
징검다리를 디뎌 밟듯이
아아, 연거푸 나온다

아버지와 나 사이에
돌이 놓인다
삼십 년의 무게를 엎드려 지탱할 돌이
새로 놓인다.

*아리셉트 : 치매 치료제.

3부

절벽

예전엔 이곳에도 길이 있었으리
내가 걸어온 거리만큼
이 흙을 밟았던 세상의 모든 살아있던 것들
그 분분했던 발길 있었으리

비와 바람과 햇볕과
잊힌다는 것이 길을 덮고 또 다른 발자국 위에
다시 길이 얹히고
오가던 걸음들이 쌓여서 탑처럼 생긴
고적한 지층

더는 가지 못할 발길의 슬픔과
바람의 등을 타고 가는 마음의 자유가
공존하는 이 직립의 경계선에서

저마다 다른 궁금증으로
층층에 쌓여 있는
저 견고한 생각의 단면斷面들.

먼지

첫차를 마중하는 사람처럼
새벽이 설레
동트는 십일 층 내 방의 창문을 열었는데
창틀에

내 이름 부르며 노크해 주는
어느 사람의 손길 그리운
창틀에
가파르게 앉아 있는 먼지

간밤엔
바람의 한 자락이었던 것

한 자락이었던 것이
가슴의 매듭을 풀고 이리로 와서
날이 새도록 부연 목청을 유리창에 뿌리고
바래졌구나

분분했던 가슴이여
마음 닿는 곳은 이렇게

아득하구나.

두타연頭陀淵* 열목어

그렇구나 너 사는 곳

츠렁바위는 바람 안고 천 년을 닮았고
열 길 벼랑으로 너르듣는 물살
물의 등 위로 비늘처럼 솟구쳐
퍼렁덩이 가슴 되어 시리게 휘도는 두타연
왕이 사는 곳

매발톱 은대난초 둥굴레 향내가
온 밤 내 진저리 속에서 몸을 섞다가
물안개 등을 타고 옛날처럼
가물가물 파로호破虜湖로 번져나가고

눈괴불주머니 개불알꽃 금강초롱 꽃잎이
머리 위에서 하롱거리면
열 뻗치는 눈

황갈색으로 몸서리치며 폭포를 거슬러
지혜산 골짜기로 가버리는
극지송어야

양구 방산 건솔리 어전御殿 같은 드레소**에
열목어야
너는 왕이다.

*두타연 : 강원도 양구 방산면에 있는 우리나라 열목어 최대 서식지.
**드레소 : 두타연의 다른 이름.

모기

빨려주겠노니 모기여
빨거라
열천熱天에서도 짓무르지 않고 날아온
정밀한 생명

세평 남짓한 어둠을 둘이서 가루다가
앵앵거리는 활갯짓이
네 저항의 전부며 온전한 삶의 표현임에
숙연해진다

활활 깨 벗고 나를 내놓느니
적나라하게 굴곡진 혈맥의 상공을 비행하다가
가장 펄떡이는 곳에 착륙하려무나

그리하여
깊고 어둡고 구석진 곳을 잠행하며
새빨갛게 들이키고 싶었던 생의 갈증을
깊이깊이 천착穿鑿하거라

척박한 내 피부가

가려우면 가려울수록

네 삶은 붉은 동력으로 충만하리라.

용접봉

오 밀리도 안 되는 두께의 몸으로
내가 뭘 어쩌랴
혼자이면서도
홀로 설 수 없도록 잘린 발목
걸음 할 수 없기에
차라리 녹아서 네게 가고 싶다

나는 안다
떨어져 나간 것들의 애달픔에 대해서
갈라진 틈새로 스며드는
치가 떨리도록 쓰라린 고독에 대해서
침묵처럼 낭자한 너의 해체

만나야 하는 것들은
결국 만나지는 것
만나서
떨어졌던 거리만큼 빈 가슴
설움처럼 진하고 뜨거운 응어리로
메우는 것

황홀하게 감전되며 내가 녹는다
다시 만난 이상
생살 저미는 상처로 남더라도
분리되지 말기를
혼자인 내가 너를 붙인다.

서랍

서랍을 조금 열었는데
튼튼하게 잠자던 어둠이 허물어지며
물이 스미듯
순식간에 뒤쪽으로 사그라진다

방금 닦은 이빨처럼
반듯하고 화사하게 드러나는 바닥

아니다, 사그라지는 것이 아니고
토한다
어둠이 빛을 끄집어내고 있다

칼라인쇄기에서 뽑아져 나오는 꽃 그림처럼
참으로 오랜만에 안부를 물어온 너처럼
손잡이를 당기면 당길수록

바닥에 그림자로 선명한
빛과 어둠의 경계선도 사라지고
끝내 환해지는
애초부터 하나 변한 게 없이

빛이었던 어둠.

칠번국도

이토록 먼 거리로 밀려오는 파도가 있나니
숱한 밤새운 가슴 허옇게 되바라지고
타는 걸음 소금처럼 굳어 해안선으로 남은
끝없는 길

바글바글 끓던 네 속의 동쪽 테두리는
흰 등처럼 단순하고
타버린 걸음도 숱한 날 매만지다 문드러진
백지 같은 마음에서 왔던 것이니

사는 동안 마음이
염전처럼 마를 때면 그대여
포항에서 강릉까지 반나절을 내달아
칠번국도를 가라

밀려온 가슴들이 녹아 굳으며
가고 싶은 모든 발에
온통 바퀴를 달고 싶어하는 이 길이기에
달리면 달릴수록 더욱더 굳어지는 이 길의 끝엔
등대

파도와 경계한 땅끝 안목항에서
바람과 파도와 갈매기가 함께 드나드는
길목을 지키고 서서
등으로 불어오는 바람을 보라
바람의 등을 타고 가버리는
자유를 보라.

해처럼

저 해처럼 가고 싶어라
그저 이글거리면서
저토록 소리없이 가고 싶어라
산을 넘어가서
어두워졌다고 탓할 수 없는
사철 밝은 저 해처럼
뿌옇게 동터 오는 저 너머 창가에
기다리는 사람 얼굴 위에
내리는 햇살처럼
설레는 걸음으로 가고 싶어라
산을 넘어가서 바다를 열고
걷어낸 어둠의 끝에서
새벽을 두드리듯
가고 싶어라
감춰진 것들 들추며
응달진 이름 위로 가고 싶어라.

건전지

돌기에
혀를 갖다 대어야만 알 수 있는
그대의 속내

내가 이토록
촉촉이 젖으면 젖을수록
질리도록 메마른
가장 예민한 곳
시급히 열리겠느니

온몸이
틈새에 끼어 살아도
그대는 흐르던 것

그대가 밝힌 불빛도
부르는 노래도
애초부터 촉촉하게
젖었던 것.

토종붕어

가라앉는 것은 먹지 않는다
둥둥 떠다니기만 하는 것도 먹지 않겠다

방황하는 것은
쉼 없이 씻기어도 속없는 껍질뿐
그 맛은 쓰고 떫나니

향기에 취해 부유하는
그대 가슴이여
두고 온 세상의 미련에 사무쳐 부서지는
그대 영혼이여

이곳에 기착寄着하여라
더는 떠다니고
무너져 내릴 일 없는 이곳

향기 떠난 가슴과
미련 보낸 영혼이 박차고 오를 그날을
기다려주는 든든한 바닥

그래서 나는
이렇게 기다려 가라앉은 것만 먹는다.

날것

파문이 가라앉은 연못 수면
저런 담담함이
날것의 힘이라고 생각한 적 있었다

바람에 뒤틀리고
누군가가 던진 돌에 다친 마음
오로지 제 몸 흔들어 달래고 묵묵해지는
저 고요함 뒤에 또다시
팽팽하게 펼쳐지는 가슴

마늘 밑동을 자르다가 손가락 베인 일 있었다
순간, 숨길을 끊고
가슴을 옥죄던 쓰라린 파동

날것의 생즙이
또 다른 날것의 생채기로 전이되는 순간처럼
쓰리게 사는 것이 우리 일 일지도

상처가 상처 속에서 몸부림치다가
이내 온전해지는 것처럼

쉼 없이 제 한 몸 흔들어 달래고 팽팽해지는
저 날것의 잠잠한 가슴.

유리창을 박살내는 남자

네 번째 들리는 소리에 알았다
늦은 비 오는 밤
누군가가
작정하고 유리창을 박살 내는 소리

건너편 아파트 십삼 층 한편이
무너진다 벽처럼 버티던 베란다 창들
통째로 부서질 때마다
짐승의 소리 따라서 끓는다

그 집이라며 아내가 숨을 고른다
알겠다 그 집, 소문난 그 집
마누라가 화냥년이란 것도 모른 채
말없이 사는 일에 이골났다는 저이
가엾다는 저이

이 늦은 밤
베란다 너머에서 누가 어정댔나 보다
창밖으로 꿈같이
한 사내의 그림자가 지나갔는가 보다

가버린 그 자리에
비를 맞고 서 있는 또 다른 남자
깜깜한 거실 유리창에서
아주 낯익은 몸짓을 보았나 보다

저 사람이 지금 우는가 하여
환상을 깨는가 보다.

양구楊口 옛 명동 풍경

신광서점에서
한국판 리더스다이제스트 한 권을 사서
소녀에게 건넨다 소녀는
고양이처럼 책을 품고 발칙하게 걷는다

차라락 차라락 소낙비 같은 싸락눈이 따른다
보생당한약방 처마 아래 소녀는 섰고
한약 냄새가 스웨터에 배이면 흉하다니
커피는 그럼 하며 내미는 얼굴

DJ가 있다는 고려당제과 이 층 다방은
군인들 쌍쌍이 담배연기 속에서 흐릿하고
턱 괴고 머리 끄덕이고 뒤꿈치 찍는데
판 튀기는 비틀즈의 아이 워너 홀드 유어 핸드를
아느냐고 묻는 소녀
창 밖에 눈 온다며 DJ는 술 마시는 중

문화극장 매표창구에 오자 함박눈이다
G 선상의 아리아처럼 아득히 눈은 오는데
나는 보자 하고 소녀는 걷자 하기에 걸었다

주재소 같은 우체국 앞을 지나니
발목까지 덮이는 눈

비봉국민학교 뒤편 안두희 두부공장 옆에
친구가 산단다
눈이 너무 많이 와서 소녀를 거기로 보내고
오리 걸어 한 등 가로수 밑을 돌아오는데
어느 골목 집
갈 곳을 잃은 최백호 노래가 바닥을 더듬고
가로등 귀한 길인데도
눈 아프게 바닥이 뽀얗다.

또 한 해가 가네

사십 넘은 게 억울 타며 아내는 손톱만 뜯데
힘으론 못 당할 두 아들 싸울 일이 무섭고
남편은 이상하게 밖으로만 싸돈다데

무너진 국가 경제는 저 혼자 세우나
야근 확인 전화에 꼭꼭 자리 지키는 게 불쌍하다 하데
그래도 그 나이에 자빠지면 우째냐며 작작하란 대신
어제 사놓은 주식이 많이 올랐다고 즐거워하데
이상하게 그 말이 섭섭지않데

이런저런 생각이 자꾸만 담뱃갑에 손을 데려가고
베란다에 나가면
나와 비슷한 인생 저기도 있어 맞담배 하자고 하는
해 질 녘 소리없이 흐르는 강물처럼 또 한 해가 가네
세상 밖을 흐르는 강은 소리가 날까?
꽁초를 비빌 때마다 아직도 그 생각이 나데

그러나 나는 여태 믿고 싶데
사랑은 아직도 죽은 사람을 능히 살려 낼 수 있고
그것 하나로도 지금까지는 견딜 만하다고

배불러 답답하고 가려운 소리래도 할 수 없는 일

하루 저녁 휘두른 아내의 몽둥이에
두 아들 세상에 인간쓰레기 되던 다음날
늦게 퇴근하니 세 모자 한 이불 속에서 킬킬거리네
너희가 포항의 희망이야
아내의 들뜬 목소리가 화장실까지 들리데
이게 사는 맛이라면 세상은 여태 살 만하다네

다가올 내년이 뭐 썩 다를까?
오늘은 인간쓰레기들이 내일은 포항의 희망이 되고
얼마 되지도 않아 또다시
인간쓰레기 될 아내의 몽둥이질 사이로
또 한 해가 가데
또 또 그렇게 새해가 오데.

화덕

오가는 사람 발길도 귀한 이른 시골 오일장
한구석에
집 나간 며느리 흉을 보는 듯
중얼중얼 옥수수를 찌는 할머니
날은 일찌감치 허물어져서
산발 같은 는개가
불구멍 틀어막는 고랑 같은 손등을
간간하게 적신다
어린 내가 어느 새벽에
화덕 같은 가슴속 불구멍을 열어 놓은 채
몸서리치게 소름이 돋던 사춘思春의 밤을 사르려
말라 비틀어져 영영 융기隆起되지 않던
할머니 젖가슴을 더듬었나니
웅크리고 앉아서
할머니 누구를 기다리시나
사람 오면 설레어 불구멍을 여시나
포개놓은 가슴 같은 옥수수 위에
알알이 익어가는 노란 빗방울.

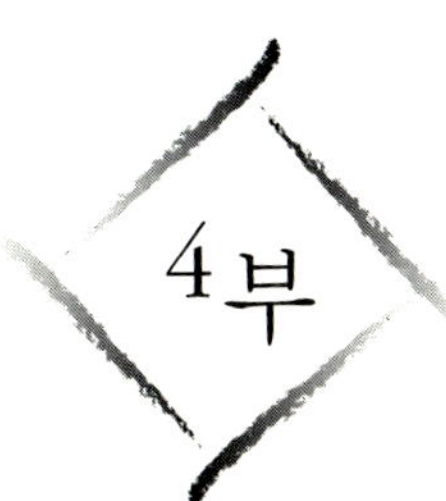
4부

횡단보도에서

한 손으론 어미를 붙들어 매달고
한 손은 하늘로 치켜든 채
옹골차게 주먹을 쥐고
아장아장 도로를 가로지르는
저 아이의 눈

서슴없이 어미를 잡아끄는 저 힘으로
모세는 홍해를 건넜을 테니
내가 나 같지 않아서
울고 싶은 오후

질주하는 모든 것을 비끄러맨
너 앞에서
휑한 대로에서
부복하고 싶어지느니

너의 믿음 앞에
온통 나를 풀어헤치며
엎드려
통곡하고 싶어지느니.

안쪽

뒤집어 놓은 옷가지는
어설퍼 보여
옷걸이에 걸어 놓으면
막차로 떠나는 더부살이처럼
서글프지

애처롭게 생긴 자투리들
땜질한 흔적처럼 마름질해서
그렇고 그런 방식으로
꿰매진 것들

다림질을 해도
번듯하게 펴지지 않을 조각들이
나를 사랑했네

아아, 가장 가까이서 나를 사랑하는 것들은
어두운 곳에 구겨져 있었네
나를 스칠 때마다
어설프고 서글픈 것들이 가스러지며
소름이 돋게 하였네.

봄

한적한 등산로 아래 저쪽
후미진 곳

아지랑이 가물거려 환장했는지
아득해서 내려갔을 할머니
오줌을 눈다
개나리 벙그는 소리

경칩이 아니어도
개구리 뛰쳐나오는 건
황홀하기 때문
내 자지 끝이 이토록
가려운 건
진저리치게 불어대는
봄바람 때문.

밥 먹는 개

밥 먹는 너의 어깨가
왜 이렇게 가슴을 울렁이게 하느냐
탄탄한 자세의 짐승이여

더는 머리를
쳐들지 않고
조아리지 않고
가슴만큼 앞발을 벌려
황홀하게 밥 먹는 개여
무너지지 않는 중심이여

생의 동력은
우아하게 탐식한 혀의 끝에서
여운처럼 오는 것이 아니라
너처럼 미련한
의무감에서 오는구나

씹지도 않고 삼켜대는
시급한 삶의 건더기
당당한 몸짓으로 먹고

먹은 만큼의 포만으로 그만인
네 삶의 절제된 환희.

손톱

손톱을 자른다
여분으로 남은 생의 가장자리로
온몸을 밀고 나오다가
또다시 단단하게 정리된
그 허옇고 둥그런 생각의 테두리

생명의 끝은
쉽게 드러내고 싶지 않을 만큼
붉고 아린 것이어서
온몸으로 덮어 보듬었느냐

속살보다 부드럽고
물처럼 묽던 것이
쉼 없이 속내를 다지며 피부를 뚫고
생의 끝으로
고단하게 번져 왔겠느니

이젠 가야 할 발길
일생을 걸어간 거리가
핏빛으로 끓던 내 아린 끝

나와 마주한 이 경계에서
너를 자른다.

포항 역전을 지나며

죽도시장 입구에서
포항 역전을 향해 걸어봅니다
노망든 아버지가
질경이처럼 누워 있는 아내를 만나러
한 달에 두어 번 중얼중얼 바닥을 헤며 걷던 길입니다

보도블록에 아름아름 박혀있는 세상
이백사십오 밀리 운동화 두 바닥으로 온통 쓸면서
두세 번 넘어졌다던 역전을 휘돌아
철둑 건너 노인병원으로 갔을 아버지

역 광장 벤치에 사람들은 꿈꾸는 표정들입니다
기차가 한 방향으로 늘어서 있듯이
앉아있는 사람들도 결국, 일어서서
모두 어디론가 갈 것입니다

아닌 듯 긴 듯
별안간 명료해지던 아버지 먼 기억마냥
기적소리가
철둑을 넘어가는 내 귓가에

오래전 누구에게 했던 약속처럼 들려옵니다.

파도

몸은 하나인데
영일만 북부해수욕장에서
캘리포니아 롱비치 해안까지
비늘처럼 반짝이는 등의 굴곡을 따라가면
닿을 것 같은 아즐한 거리에
몸은 하나인데

마리아나 해구 비티아즈해연
끝없이 가라앉다가
흔적도 없이 사라질 아득한 수심에서
황홀하게 치밀어 포말로 밀려오는
천 갈래의 가슴

가장 깊은 곳에 가라앉으며
생각하였겠느니
중심처럼 견고한 질곡의 수심을
붙들어 매달고 있을 해안선
그 무한대의 고독

빛도 소리도 기억도

옛날처럼 사라진 안온한 바닥에서
쉼 없이 걸러진 가슴
하얗게 세우며
가장자리를 덮어 오는
파도여.

숭례문에서

불에 타 허물어지고도
이렇게 당당할 수 있다니 국보여
주저앉지 않는 중심이여

육백 년 동안 홍예문을 오갔던
이 땅의 사람들과 함께 여물어온 마름석축에
두리기둥에 널마루에
화살처럼 쏟아져 내리는 시퍼런 하늘이
눈 시리다

가버린 시간은
감내해버린 고통이었기에 차라리
담담했을 것을

눈뜨고 나면
우진각지붕 용마루 위
하늘 받칠 꿈으로 다시 일어설 그대

흐트러진 몸 삼단같이 틀어 묶으며
이 바닥

반력으로 치받고 오롯할 그대 허물어진 바대가
이렇게 여무지다니
국보여.

아내가 운다

노망든 아버지가 목을 졸랐던 때도
전교 일 등 하던 첫째가
막차로 들어간 삼류대학 입학식 때도 울지 않았던
사람이 운다

비 그친 늦은 밤에 서러운
단단한 울음
비에 섞였던 그 무엇이 꿰뚫고 지나가서 아플
마흔여섯 살 여자의 무른 등

비 오는 해변에서 울던 어느 날처럼
아내도 우는 것일까
발등을 쓸고 수평선 너머로 가버린 파도 저편에
나처럼 아픈
어떤 사람이 있을 것만 같던
그런 날

보이는 것 끝은 저리 아득하게 시리고 애달파서
시퍼렇게 내리던 비가 그친 지금
아내도 별안간 누군가의 안부가 궁금해졌을까

등을 받치는 아내의 벽이 가늘게 떨린다
손수건 한 장 건네지 못하고
나는 그녀가 기댄 세상에서 숨죽여 나온다.

모퉁이

오랜만에 찾아온 고향이
이토록 낯선 것은
모퉁이 때문이라네

산과 들판과 냇물이 거기 있어도
사라진 골목처럼
눈 시리지 않아

저기 저쪽
바람꽃 그득한 안돌이에서
실성한 사람처럼 날 기다리던
너

자리하는 것들 끄트머리엔
보듬고 싶은 사연이 있어
그 돌아가던 가장자리
안쪽에 서 있으면
이렇게 또 가슴이 울렁거리지.

넥타이

온종일 매고 다녔던
넥타이를
고대로 풀어서
욕조에 담가 놓으면

미스김엉덩이
씨   홍
팔   전
놈   무
얼치기사직서

이런 말들이 명사형으로
똬리를 튼 채
우러나와서
둥둥 떠다니고 있으리.

벚꽃 지고 나서

무슨 큰 사달이라도 났다는 듯이
우르르 몰려간 처녀들
깍깍 웃으며 사진을 박는
벚나무 아래

쪼추바리하는 가시나처럼
되바라진 꽃들
대낮보다 환한 나무 그늘

열흘도 안 돼
아무런 대책 없이 꽃은 지고
바람에 홀린 듯
휩쓸리는 꽃잎들

담장을 넘어가는
유난히 기다란 가지그림자
사람 그리운
나무 그늘.

그녀가 돌아보더니 웃는다

웃으면서 돌아본 게 아니다

그녀 이름을 부르고
하나 둘 맘속으로 세어보는데
버퍼링이 끝나자마자 실행되는 동영상처럼 그녀가
돌아보더니 웃는다

멈춘 걸음을 중심축으로
어깨를 틀더니
회전문처럼 열리는 그녀의 얼굴

지구가 자전自轉을 하듯이
밤과 낮이
이런 식으로 바뀐다고 시험하듯이

셋을 세기도 전에
닫혀 있던 앞면을 통째로 열어 보인다
천체天體를 환하게 밝힌다.

송청리에서

송청리에 오면 기타소리 들리네
바음자리표처럼 돌아가던 골목에 끝 집
열세 살 내 친구 안형수가
보듬던 그 소리
노래로 흘러 흘러 정림리 다리를 적시네

사명산을 넘던 해가 뒤돌아서고
구름에 취한 어스름이
양구벌을 훑으며 내려올 때
정림리 안대리 골목골목 초가 굴뚝에
밥하는 연기는 바닥으로 기었고
박새들 어지럽게 날았네

저무는 강둑에서
형수는 제 키만 한 기타를 둘러멘 채 돌아서네
괜히 할 말도 없으면서
내일도 오느냐고
긴 그림자 끝에 나는 멋쩍게 묻고

양구는 육지 속에 섬이라서

산골 아이는 섬집아기라고 부르는 노래
내일도 오냐고 물을 필요도 없이
송청리에 오면 들리네.

있을 때도 잘하는 아름다운 세상
–결혼 20주년을 맞는 친구에게

무슨 말들을 호들갑수레 한다 해도
세상 제일은 마누라 서방뿐이다
이 광활한 우주 창공에 먼지처럼 떠돌다
어디서 닭 우는소리를 들었건
한 줄기 빛으로 쏟아지는 말씀을 들었건
무기 일원 유기 이원 서슬 통에
아메바처럼 분리된 몸이건
포태양생욕대관왕쇠병사묘
뫼비우스의 띠처럼 무한한 표면을 헤매던 끝에
저 온 곳 모르고 제 생각 아니게 태어난 몸이
마음 두근거려 죽도록 사랑했건
철천지 웬수로 차버리고 싶은 인간이었건
있는지 없는지 모르게 물 같은 존재였건
갈 때 되면 이제 제 곁에 끝까지 남아
세상 마지막 눈물 떨어낼 존재가 그인데
다시 저 갈 때까지 대못으로 박힌 가슴팍에
산처럼 걸어질 장막 같은 인연
20주년이면 싸우며 웃을 날 하마도 긴 시간
날갯짓 따라 새가 가듯
따라오고 따라가서 그렇게 살기를

잘도 싸우며 잘도 풀어가며 있을 때도 잘하는
아름다운 세상 되기를.

● 해설 ●

날것, 그 실감의 세계

오봉옥(시인 · 서울디지털대학교 교수)

정건우의 두 번째 시집 원고를 읽고 홀연히 떠오르는 시인이 있는 바 그것은 다름 아닌 〈萬人譜만인보〉의 시인 고은이다. 『만인보』는 제목에서도 시사하는 바처럼 이념이니 민족이니 하는 '큰 것들' 의 세계를 노래해온 시인이 존재하는 모든 것들의 가슴 벅찬 발견으로 나아가면서 '작은 것들' 의 세계를 생생하게 보여준 시편들이다. 정건우의 시편들 역시 『만인보』와 마찬가지로 가난하고 소외된 사람들, 물질문명이 만들어낸 속도에서 뒤처져 이젠 외진 풍경으로 남아있는 것들에 따스한 입김을 불어넣는 시편들로 이루어져 있다. 『날것』에 등장하는 인물들은 가족 또는 우리가 흔히 주위에서 만나게 되는 이웃이다. 그 가족과 이웃들은 시인의 체험적 직접성이 닿아있기에 생생하게 육박하는 인물들의 형상과 살아있는 양감量感으로 우리 앞에 펼쳐진다.

긴 병상을 걸어 눈앞이
새털처럼 화사한 날
자드락 채소밭에
할머니 오줌 누시네
비탈에서 사느라
몸 세우기 힘든 시퍼런 것들에게
물 주시네
오래 살라고
한껏 품어 주라고
삼남 오녀
그 시커먼 목숨을 뽑아낸
고단했던 음부
땅에 대시네
다독이시네.

—「거룩한 방뇨」 전문

이 시에서의 '할머니'는 전형적인 민중의 형상이라고 할 수 있다. 고작 '자드락 채소밭'이나 소유하고 있는 할머니, '삼남 오녀'를 키워온 탓에 몸이 성치 않은 할머니, 그래서 기나긴 '병상'을 걸은 끝에 비로소 '새털처럼 화사하게' 일어선 할머니. 그런 '할머니'의 삶이 간명한 형상으로 펼쳐져 있는 것이다. 이 시는 아주 간명한 형상임에도 불구하고 시인이 인물의 서사를 완전히 장악하고 있어서 할머니의 고단한 삶이 압축되고 절제된 표현 속에서 생생하게 드러난다. '고단했던 음부'의 표현으로 '할머니'의 전 생애를 반추하게 하고, '할머니'의 삶과 '자드락 채소밭'의 채소가 동일화됨으로써 그 생애를 보다 더 구체적으로 상상케 하며, 나아가 '물 주시네', '다독이시네'의 표현 등으로 그 할머니를 향한 연민을 간접적으로 드러낸다. 가족의 시편들이라고 할 수 있는 「돌아오면서」와 「양자 고모」 역시 그 대상의 삶이 리얼하게 펼쳐져 있을 뿐 아니라 그 아픔의 뿌리까지 가 닿고 있다.

아무래도 아버지에게 치매가 오는 것 같다
번 놓는지, 방금 이야기를 자꾸 잊으신다
아범이 놓고 간 게 붕어 곤 것 아니냐며
모르겠다는 소리로 또 전화를 하신다
뜻 없이 화가 나서 한약도 넣었다고
나는 고함을 친다 억장이 무너지는데 아버지는
중얼중얼 웃는다
돌아오는 길이 그새 아득해진다
붕어는 할아버지가 좋아하셨다 그 양반 이빨이
나귀 징 같았다
얼굴도 모르는 할아버지 기억은 포도알 같으시다
이렇게 분명한 양반이 지금 왜 그러시나
작정하고 걸어왔던 그 먼 곳에서 아버지가
발길을 되돌리나 보다
뒤돌아볼 일이 다시 없기로
전봇대에 붙은 광고지를 떼듯

가장 가까운 기억부터 지우려나 보다
오래오래 사시겠네 우리 아버지
걸음마다 지울 일이 껌 같을 것이니
영악하시네 우리 아버지
지우고 가다 보면 아이가 될 테니
아이 된다는 것이 어디 보통 일인가
나이 먹는 것만큼 쉬운 일 어디 또 있나.

—「돌아오면서」 전문

오 년 만에 차려주는 밥상머리에서
서럽게 늙은 고모가 우는데
머리칼 없는 조카래도 할 말은 해야겠기
육시를 할 놈아
오면 온다고 아가리질해야 이면수라도 굽지

—「양자 고모」 중에서

「돌아오면서」는 치매 걸린 '아버지' 를 노래하면서도 비애의 범람을 통제하기 위해 반어적 표현을 동원한 해학적 형상으로 이루어져 있다. 체험의 직접성은 때때로 감상에 함몰하기 쉽다는 점에서 경계해야 할 점이다. 정건우는 이미 그것을 잘 알고 있다. 그런 점에서 「돌아오면서」는 자신의 치매 걸린 '아버지' 를 노래하면서도 그 치매의 행위가 곧 모든 것을 잊어버리고 행복했던 어린 시절로 돌아가는 것이라는 전도된 의식의 한 편린을 보여준다. 그것은 물론 의식적으로 보여주는 반어적 표현

일 뿐 아니라 해학미까지를 고려하여 보여주는 수준 높은 표현의 한 방식이다. 그러한 방법은 물론 새삼스러운 것이 아니다. 판소리는 물론이고 민요에서도 그러한 방식은 드물지 않게 발견되기 때문이다. 정건우는 그러한 전통적 방식을 차용하여 치매 걸린 '아버지'를 향한 연민의 시선을 직접적으로 드러내지 않고 간접적으로 일정한 시적 인식의 거리를 일정하게 획득한 상태에서 개성적으로 보여준다. 「양자 고모」에서 우리가 주목할 만한 일은 구어체의 동원이다. 평생을 가난하게 산 '양자 고모'는 화자의 정서적 토로로 이루어진 시이다. 하지만 인용한 대목에서 확인되듯 그것은 구어체가 결합하여 보다 큰 생동감을 얻는다. '양자 고모'의 욕설은 그 자체로써 둘 사이의 친밀감을 나타낸다. 이 시뿐 아니라 정건우는 많은 시편들에서 다양한 언어를 자유자재로 구사하고 있음을 유감없이 보여준다.

오가는 사람 발길도 귀한 이른 시골 오일장
한구석에
집 나간 며느리 흉을 보는 듯
중얼중얼 옥수수를 찌는 할머니
날은 일찌감치 허물어져서
산발 같은 는개가
불구멍 틀어막는 고랑 같은 손등을
간간하게 적신다
어린 내가 어느 새벽에
화덕 같은 가슴속 불구멍을 열어 놓은 채

몸서리치게 소름이 돋던 사춘思春의 밤을 사르려
말라 비틀어져 영영 융기隆起되지 않던
할머니 젖가슴을 더듬었나니
웅크리고 앉아서
할머니 누구를 기다리시나
사람 오면 설레어 불구멍을 여시나
포개놓은 가슴 같은 옥수수 위에
알알이 익어가는 노란 빗방울.

—「화덕」 전문

강원도 양구군 중앙시장 안쪽에
칙칙한 가도상회
불 꺼진 골목처럼 처량하게 쌓아놓은
사과궤짝 아래에
또 궤짝을 깔고 앉은 소녀

왕겨 속에 사과를 목장갑으로 문대며
경상도 말투로 구시렁대던 저 아이가
열여섯 살 내 동기라 했다

—「가도상회」 중에서

「화덕」에서의 '할머니' 와 「가도상회」에서의 '소녀' 는 화자의 연민이 스며든 인물군이라 할 수 있다. '할머니' 나 '소녀' 는 모두 시장통에서 살아가는 가난한 민중이다. 이는 시인이 포착

한 시적 대상, 민중에 대한 뜨거운 애정의 산물로써 나온 사람들이다. 정건우의 대다수 시편들은 우리 사회의 구석구석에 있는 슬프고, 외롭고, 소외당한 사람들이 그 대상이다. 할머니는 이른 새벽 오일장에 나와 옥수수를 찌며 혼잣말을 한다. 집을 나간 며느리 탓에 늘 두리번거리며 무언가를 찾고 있는 할머니, 사람이 그리워서 누구라도 다가오면 '불구멍' 부터 여시는 할머니, 그런 할머니가 찐 옥수수이기에 그것은 눈물 같은-노란 빗방울- 것이 되고, 애타는 숨결을 덮어놓은 것이 된다. 또한 그 '할머니' 는 사춘기를 앓는 손자에게 말라비틀어진 '젖가슴' 을 맡기는 살가운 존재가 되기도 하는 것이다. 「가도상회」에서의 '소녀' 역시 '할머니' 와 마찬가지로 혼잣말을 하는 여인으로 등장한다. 열여섯 살인 '소녀' 는 친구들이 학교를 드나들 때 시장통에 앉아 썩은 사과를 안타까워하며 혼잣말을 한다. 또한 남편과 사별한 뒤 오랜 세월을 혼자서 견디며 살다가 동창회에 나와 자신의 신세타령을 하게 된다. 두 편의 시는 모두 역사의 한 귀퉁이에서 살아가는 가난한 존재들의 이야기라고 할 수 있다. 다만 여기서 우리가 주목할 만한 대목은 민중의 삶을 잘 반영해내는 측면뿐 아니라 시의 완성도를 높이는 비유의 사용에 있다. 비유가 얼마나 적절한가의 문제는 시의 완성도를 좌우하는 대단히 중요한 측면이다. 그런데 「화덕」에서의 마지막 3행을 보게 되면 그것은 적절할 뿐 아니라 한 걸음 더 나아가 매우 창의적임을 알 수 있다. 죽은 비유가 넘쳐나는 우리 시단의 현실에서 창의적 비유를 보여주고 있는 이와 같은 사실은 정건우의 작품성을 엿보게 한다는 점에서 주목되지 않을 수 없다. 정건우의 시편들은 가난하고 소외받은 사람들의 삶과 함께 물질문명이 만들어낸 속도 속에서 뒤처진 것들, 그래서 외곽에 밀려 쓸쓸한 분위기를 연출하고 있는 풍경들에 따스한 입김을 불어넣는다. 이와 같은 부류로 「평화여인숙」, 「기북우체국」, 「포항선착장」, 「황제이발소」 등의 작품은 시인의 탁월한 형상적 재생력을 유감없이 보여주고 있다.

너도 그랬었는지
낯선 역 텅 빈 광장에 서서
막차를 보내고
기다리던 사람도 보내고 비를 맞는
저 귀대 직전의 휴가병처럼
보낼 것 다 보내고 난 뒤에 찾아온 신열 같은 것이
오랜 안부를 묻게 했는지
사람아, 내가 죽고 난 후에도
늦은 안부를 묻고
저기 세류역 건너 축축한 평화여인숙
하잔한 문앞에
전구처럼 발개질 오랜 사람아
뒷문도 없어 서글픈 여인숙 골목을
둘이 걸으며 숨고 싶어라
세상 처음 약속을 어기듯 너에게
옆구리에 상처를 보여주고 싶어라
머슴애를 밤새 다그치는 옆방 가시내

발칙한 조건을

너와 같이 듣고 싶어라.

—「평화여인숙」 전문

여인숙은 문학 작품에서 많이 사용되는 공간이다. 왜냐하면 그곳은 서민들의 쉼터이기도 하고 그 서민들이 자유롭게 오간다는 점에서 인생 역정으로 볼 수도 있는 공간이 된다. 이 시의 화자는 낡은 여인숙 골목을 바라보며 오래전 헤어진 한 사람을 떠올리고 있다. 결국 '여인숙 골목' 은 잊혀진 기억을 떠올리게 하는 공간, 고단한 삶의 역정을 침묵 속에서 응시할 수 있게 하는 공간이라고 할 수 있다. 짧은 행들로 이루어진 이 시는 전체적으로 애잔한 분위기를 연출한다. 상처 그 자체를 보여주고 있고, 잊혀진 대상과의 합일을 그 익숙하면서도 낡은 공간을 통해 꿈꾸고 있기 때문이다. 이 시에서의 '여인숙' 이라는 공간과 가난하지만 살가운 존재인 듯한 '너' 라는 존재는 유사한 이미지를 지녔다고 할 수 있다. 그것은 다름 아닌 익숙하고 포근한 이미지이다. 그 익숙함과 포근함이 화자로 하여금 대상을 떠올리게 하고, 그 대상에게 지나온 역정을 말하고 싶어 하는 충동을 갖게 한다. 이 시는 화자의 지향점이 가난하지만 포근했던 지나간 시절이라는 점에서 각박한 사회 현실과 속도 빠른 세상에서의 지친 화자의 모습을 역상으로 그려낸다. 간결하고 절제된 어조로 표현하고 있는 이 시가 우리에게 보다 더 큰 울림으로 다가오는 또 하나의 이유는 편안함을 아름답게 생각하는 우리의 보편적 정서에 가 닿고 있어서이다. 「기북우체국」 역시 표현미와 함께 그 외진 풍경을 실감나게 묘사하고 있다. 「황제이발소」는 외부 정경 묘사와 서사의 진행이 절묘하게 맞물려 돌아가고 있고, 「포항선착장」은 표현미도 표현미려니와 선착장의 풍경이 화자의 정서와 잘 맞물려 진행됨으로써 그 전달력을 강화시키고 있다.

정건우는 말을 잘 다루는 시인이다. 어떤 시는 팽팽하게 응축된 완결성을 보여주고 있고, 어떤 시는 또 放逸방일함을 다스리면서도 넉넉하게 늦추고 풀어놓기도 하여 그 균형을 맞추는 등 자유자재로 언어를 구사하는 뛰어난 솜씨를 보여주고 있다. 가난하고 소외된 사람들의 삶을 드러내되 해학과 희화, 그리고 넉살을 통해 드러냄으로써 그 슬픔을 과도하게 드러내지 않는 점도 돋보이는 점이다. 최근 우리 시단의 흐름은 감각만이 기승을 부리는 감이 있다. 글 쓰는 이들에게는 자신이 느끼는 것만이 세상의 전부라고 생각하는 경향이 있는 것 같고, 그런 점에서 감동적인 시보다는 잘 만든 시가 각광을 받는 것 같다. 물론 시창작에서 만드는 속성을 무시할 순 없다. 잘 만드는 것이야말로 장인정신의 발로이기도 하다. 하지만 그것이 지나치면 시는 어려워지고, 실감과 감동은 뒷전으로 밀려나게 된다. 이러한 흐름과 우려에 비추어볼 때 정건우의 두 번째 시집 『날것』은 우리에게 든든한 믿음을 안겨준다. '날것' 처럼 실감나면서도 '날것' 처럼 새롭기 때문이다. 오랜만에 만난 이 좋은 시집이 우리 시의 지평을 넓히는 데 기여했으면 한다.

마음의詩 25

날것

초판인쇄 2009년 4월 25일
초판발행 2009년 4월 30일

지 은 이 정건우
펴 낸 이 김충규
펴 낸 곳 문학의전당
출판등록 제387-2003-00048호(2003년 9월 8일)

주 소 121-718 서울특별시 마포구 공덕동 404번지 풍림VIP빌딩 202호
전화번호 02-852-1977
팩시밀리 02-852-1978
블 로 그 http://blog.naver.com/mhjd2003
전자우편 mhjd2003@naver.com

I S B N 978-89-93481-22-8 03810